NON,

OU

REJET MOTIVÉ

DE L'ACTE ADDITIONNEL

AUX CONSTITUTIONS DE L'EMPIRE,

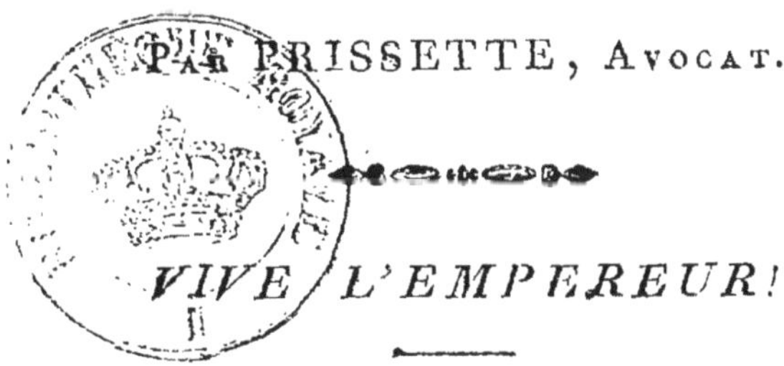

PAR PRISSETTE, AVOCAT.

VIVE L'EMPEREUR!

JE rejette l'acte additionel aux constitutions de l'Empire, parce qu'il se trouve en opposition directe avec les promesses solennelles que Napoléon-le-Grand a faites aux Français depuis le premier jour de son retour jusqu'à celui où cet acte a paru ! Je le rejette, parce qu'il est attentatoire aux droits imprescriptibles des peuples, que trop souvent ils se laissent ravir, à ces droits de liberté et d'égalité dans lesquels l'Empereur a promis de nous réintégrer. Sa parole sacrée n'a pu être un appât fallacieux !

Quand nous avons tendu les bras au libérateur de la patrie, nous n'avons pas reçu un nouvel oppresseur, autrement nous n'aurions fait que changer de despote L'intérêt de la France, autant que l'intérêt bien entendu de Napoléon et de sa dynastie, s'oppose à l'acceptation de cet acte, qui, en mettant de nouveau le peuple sous le joug d'un monarque absolu et de sa noblesse, poserait les bases du trône sur un sable mouvant qui menacerait sans cesse de l'engloutir, jusqu'à ce qu'en effet il l'eût fait disparaître pour jamais.

Je refuse mon adhésion à cet acte, parce que, par son décret daté de Lyon, le 13 mars 1815, Sa Majesté a déclaré qu'il n'y aurait plus de noblesse en France, se réservant seulement et à ses successeurs le droit d'accorder des titres nationaux à ceux qui auraient mérité ou mériteraient ces titres, et que l'article III de l'acte additionnel qui rétablit la pairie en France, rend illusoire ce décret qui avait eu l'approbation de tous les citoyens.

Ce ne sont pas les hommes vrais avec lesquels Napoléon s'est entretenu de Grenoble à Paris, qui lui ont conseillé de proposer au peuple français cet acte que ses partisans les plus pro-

(3)

noncés s'empresseront de refuser formellement.
Ce sont les traîtres de 1813 , dont partie ap--
proche encore du trône, qui obsèdent le prince
de l'assurance de leur fidélité en 1815 et *de
leurs conseils salutaires* , dans l'intention sans
doute d'achever *ce qu'ils avaient si bien com-
mencé*. Ce sont ces mêmes hommes qui ont
jeté les fondemens de ce monument informe ,
palladium prétendu de nos droits. Quels autres
auraient osé en concevoir l'exécution ?

Qui ne reconnaît, en effet, dans l'acte additionnel les principaux articles de la soi-disant
charte *octroyée* par le comte de Lille, toutefois
moins libéraux ; et principalement la presque
totalité du projet de constitution de ce sénat
qui, après avoir déposé le souverain, sans ,
même au préalable, avoir daigné consulter la
nation , sous le vain prétexte d'établir les droits
du peuple sur des fondemens inébranlables, ne
s'occupait qu'à faire consacrer par le plus im-
portant des contrats, son empiétement sur notre
liberté! Qui n'y reconnaît les prétentions égoïstes
de ce sénat , qui a trahi si lâchement la confiance du peuple et du souverain ; ces mêmes
prétentions qui , à l'époque des plus cruelles
calamités qui jamais aient désolé la patrie, ont

1 *

tellement indigné les Français, qu'ils eussent applaudi avec une sorte de reconnaissance à l'ordonnance de réformation , si le roi, au lieu d'afficher des prétentions aussi gothiques que démésurées , l'eût soumise à leur acceptation ; ils y auraient applaudi par le seul motif, que cet acte, tout indigeste qu'il était, les délivrait de ces odieux aristocrates , qui avaient osé penser à s'élever sur les ruines de leurs concitoyens vendus par des traîtres à l'étranger !

Qui ne se rappelle, en effet encore, que, des 29 articles de la constitution de ces sénateurs avilis, avilis par leurs œuvres, plus de la moitié était consacrée au *titre nouvel* de la reconnaissance des droits de ses membres et à leur maintien ? J'ai osé le dire à Sa Majesté (*) ; elle ne pouvait puiser les élémens de l'acte additionnel aux constitutions de l'Empire à une source moins pure-

L'Empereur nous avait promis l'égalité , et , par le troisième article de l'acte auquel je refuse mon adhésion , il rétablit la pairie ! Par cet article et le quatrième , il fait de ceux qui en

____

(*) Mémoire inédit adressé par l'auteur à Napoléon-le-Grand , le 25 avril 1815.

seront investis une caste tellement privilégiée que, de mâle en mâle, par droit de primogéniture, ils siégeront dans cette chambre, premier corps politique de la nation. Quelle prérogative, et combien elle en peut entraîner d'autres à sa suite !

Au commencement de 1789 encore, nul ne pouvait être pair de France sans être duc ou tout au moins comte, à l'exception des six ecclésiastiques ; et quoique l'acte additionnel ne spécifie pas les qualités qui seront requises, chacun devine aisément que les anciens principes constitutifs de la pairie seront rétablis avec la nouvelle dignité. Où résidera l'égalité quand cette institution toute aristocratique sera devenue un des élémens de la constitution de l'Etat? Si la pairie est de nouveau érigée, un siècle ne se sera pas écoulé, que les successeurs du nouveau créateur auront rendu à ses titulaires les priviléges qui leur avaient été concédés lors de la première institution,

Ceux qui aspirent à cette dignité diront au souverain que les pairs seront les plus zélés défenseurs, les plus fermes soutiens du trône contre les prétentions du peuple ! Si l'on accorde à ce peuple ce qu'il a droit de prétendre , si l'on s'abstient surtout de réorganiser un ordre nobiliaire qui offusquerait toujours sa vue , il ne demandera rien de plus. On a beau le calomnier, il n'est rien de si équitable que le peuple , lorsqu'on ne l'exaspère pas par le poids de ses chaînes. C'est en vain que l'on qualifie ses plaintes de clameurs séditieuses : *Vox Populi, vox Dei*, dit l'adage depuis des siècles !

L'Empereur aurait-il pu se laisser prendre au langage des courtisans de tous les temps ? Ceux du comte de Lille aussi lui disaient qu'ils suffisaient à son salut ! Quel effort ont-ils fait pour l'opérer ? qu'ont-ils tenté pour y parvenir ? Napoléon veut-il , oubliant pour un instant notre intérêt , ne voir que le sien propre et demander à ceux qui se prétendent les plus fermes appuis de sa puissance, comblés de ses faveurs de tous les jours, le dixième des trésors dont il les a enrichis pour l'affermissement de son trône ? Alors il connaîtra toute l'étendue du dévouement des *fidèles* par excellence ! Qu'il demande plus à un citoyen qui n'aura jamais reçu le moindre bienfait de lui, et il est certain de voir ses vœux comblés, sans que le citoyen soit déterminé par l'espoir que son sacrifice ne sera qu'un prêt qui lui rapportera le centuple !

Ne se trouve-t-il pas dans l'armée plus de fils de plébéïens que de gens titrés ? Cependant, les premiers exposent leurs jours pour la patrie et pour le prince avec autant de dévouement que les autres; ils ont le même véhicule, dira-t-on, l'honneur; et l'espoir des récompenses : quant à l'honneur, il guide autant le fils du petit marchand et celui du laboureur, que le fils du duc ; l'espoir des récompenses n'a rien d'assuré pour eux, lorsque celui du dernier est certain, si seulement il se conduit en homme digne d'en obtenir une.

Rien de plus sûr, par exemple, que si tous deux ont fait la même action, s'ils sont, au même instant, entrés dans la même redoute, les récompenses différeront entr'eux, au point que le bourgeois qui se sacrifie pour un monarque qu'il n'a jamais vu peut-être et qu'il ne doit peut-être jamais voir, lui restera inconnu, surtout s'il n'est officier, pendant que le jeune noble sera comblé de ses bienfaits! Celui-ci, en combattant, est convaincu de fixer les regards du monarque ou de ceux qui lui rendent compte des beaux faits d'armes : aussi, lorsqu'ils courent les mêmes hasards pour la patrie, l'homme du peuple sait que ses services ne seront pas payés au même tarif que ceux du rejeton d'un *personnage*, et cependant il n'en sert pas moins bien son pays; l'habitude lui fait trouver toute naturelle une conduite militaire qui, si elle était connue, éclipserait ce que l'on nomme action d'éclat du guerrier privilégié : au lieu du nom de *héros* que l'on prodigue à celui-ci, il se contente du titre de soldat, qui, quoique moins brillant, doit être, dans la langue française, le synonyme de l'autre.

Qu'avant de céder aux importunités de ceux qui l'entourent, l'Empereur réfléchisse donc que, loin de lui, sont les hommes qui lui sont le plus attachés, les nombreux et vrais défenseurs de sa cause s'il la rend la leur ! Sur dix *personnages* qui servent le souverain, neuf et plus peut-être le font dans la vue de leur intérêt personnel ou de celui de leur maison, selon le terme gothique, que ces messieurs voudraient rajeunir. L'homme du peuple seul remplit ses devoirs de citoyen généreusement et sans nul espoir de se faire distinguer de la multitude dans laquelle il se trouve confondu. Que Napoléon pense donc qui il importe le plus à lui et à ses descendans de satisfaire ou de la masse de la nation, ou de quelques êtres, obscurs naguère, qui, les uns pour prix de quelques services, les autres à force d'intrigues, veulent primer sur leurs concitoyens.

Que celui qui se rend utile à la chose publique obtienne en récompense des distinctions ; si son fils se montre un jour digne de lui, il sera traité de la même manière. Si l'on fait pour lui d'avance ce que l'on a fait pour son père, on lui ôte tout motif d'émulation : s'il était besoin de preuve à ce raisonnement, je citerais la lâcheté de l'ancienne noblesse, même de celle qui touchait au trône, depuis 1789 jusqu'au 20 mars 1815 !

Quels Français autres que des courtisans certains d'être partie intégrante de cette aristocratie nouvelle, ont pû proposer au prince le rétablissement de la pairie ? Et comme si cette mesure ne suffisait pas pour mécontenter la nation, quoi de plus maladroit ou de plus antipopulaire que de se faire réserver par le prince la faculté illimitée de porter le nombre des pairs aussi loin que les lois de son intérêt ou de son caprice le lui feront trouver bon ? Quoi ! l'Empereur ou ses successeurs voudraient faire passer une loi qui compromettrait les intérêts du peuple, et, craignant de rencontrer de la résistance, ils pourraient faire entrer dans la chambre des pairs le nombre de nouveaux membres nécessaire au succès de l'entreprise? Quoi ! se trouvât-il des défenseurs du peuple parmi les pairs , leurs voix se trouveront étouffées par celles des nouveaux collègues placés *ad hoc* par l'autorité *?* Cet article, fût-il le seul reprochable dans l'acte additionnel , mériterait le refus d'adhésion de tout Français jaloux de ses droits.

L'érection d'une nouvelle noblesse , but auquel les articles III et IV de l'acte additionnel tendent si directement , est aussi nuisible aux intérêts de Napoléon qu'aux nôtres. Que l'Empereur se rappelle , pour être convaincu de cette vérité, combien pour rapprocher les anciens émigrés de sa personne, il a été obligé d'éloigner de fidèles sujets du trône ! combien, par cette mesure suggérée par ses prétendus partisans , il s'est aliéné les sentimens de la nation ! Cependant elle a fait des efforts qui tiennent du prodige pour soutenir Sa Majesté sur un trône que ses faux amis faisaient chanceler, duquel les anciens transfuges et tous les autres traîtres sont parvenus à la précipiter. Eux-mêmes ont emprunté les cent voix de la renommée pendant les dix mois d'interrègne pour publier leurs manœuvres criminelles !

Un de ces émigrés s'exprime à peu près en ces termes, dans un des pamphlets les plus répandus : « Assez de Français ont sacrifié » leur existence aux Bourbons ; moi , j'ai fait » plus : je leur ai sacrifié mon honneur en acca- » blant Bonaparte de louanges et de conseils » qui devaient le conduire au terme où il est » enfin arrivé. »

Si les Blacas, les Dambrai , l'archevêque de Reims, tous les nobles, le haut clergé, an- cien et nouveau, ont perdu le comte de Lille, qui, j'oserai le dire, régnerait encore, *s'il eût été entouré d'hommes sages amis du peuple, et conséquemment les siens*, au lieu de ces extra- vagans suppôts du despotisme, de la féodalité et du fanatisme ! Les nouveaux nobles, dont un surtout est tellement tarré aux yeux de la nation, qu'il est inutile de le nommer pour qu'il en soit reconnu, entraîneront l'Empereur, par leurs prétentions extravagantes, dans un abîme dont malheureusement il ne pourra plus sortir s'il s'y laisse attirer. Ceux qui lui sont dé- voués ne doivent donc pas balancer un moment

à refuser leur adhésion à l'acte additionnel, puisque ses articles 3 et 4 placent Napoléon sur les bords aussi glissans que périlleux de ce précipice! Pour en éloigner à jamais Sa Majesté et sa dynastie, ils doivent lui crier, dans les élans d'un généreux enthousiasme, et sans penser aux conséquences que peut attirer sur eux la vengeance de ces ennemis puissans : « Sire, si
» vous voulez éviter les plus grands maux, ces
» maux tellement à redouter que déjà votre
» puissance en est menacée! imposez aux ambi-
» tieux qui vous entourent un frein qu'ils ne
» puissent briser, ou auquel ils ne puissent
» se soustraire, l'égalité. »

Oui, l'égalité est devenue indispensable, et j'ai peut-être eu l'honneur et le courage de le dire le premier à Sa Majesté, avec tout le respect et tout l'amour que je lui porte, dans un mémoire que je lui ai adressé, mais que l'importance des affaires du moment ne lui aura sans doute pas permis de parcourir. La France a généralement applaudi au décret de l'assemblée nationale du 19 juin 1790, proposé par le comte Mathieu de Montmorency-Laval, portant suppression de la noblesse, des titres, des armoiries et des livrées : depuis cette

époque elle a fréquemment manifesté sa répu-
gnance invincible pour le rétablissement de
toute classe privilégiée. Ce serait donc contre
son gré que l'on chercherait à rétablir dans son
sein une noblesse quelle qu'elle soit. Quelque
soit la qualification sous laquelle on cherche à
la déguiser, elle la reconnaîtra et la repoussera
toujours.

C'est pour se soustraire aux priviléges de
toute nature, pour obtenir une égalité de droits,
non de mots, mais de fait, base de toute liberté
véritable, qu'elle lutte depuis vingt-cinq ans
contre les ennemis intérieurs et extérieurs de
cette liberté. Cette égalité existerait-elle si une
classe privilégiée avait seule le droit de siéger
aux premiers bancs de la représentation nationale ? Non ! opposons-nous donc à ce que
l'on impose à la nation cette caste dont l'é-
tablissement ferait peut-être sentir au peuple
l'obligation de revendiquer ses droits.

Mais, disent les anglomanes, la pairie est
héréditaire en Angleterre, et c'est elle qui
compose la première chambre. Je leur répon-
drai qu'un copiste habile sait rectifier les fautes
qu'il rencontre dans le cours de son travail.
Pourquoi donc copirions-nous la seule chose

qui soit mal dans la constitution de nos voisins ? Qui peut d'ailleurs nous empêcher de vouloir être plus libres qu'eux ?

Une seule famille en France est privilégiée, d'après le vœu du peuple, et cette famille est celle de Napoléon-le-Grand. Les Français ont voulu, par *ce sacrifice*, prouver à l'Empereur leur reconnaissance, et prévenir pour toujours, du moins ils aiment à le penser, les secousses tumultueuses et sanglantes, inséparables de l'élection du souverain chez les peuples dont le territoire est vaste et couvert d'une nombreuse population.

Si l'élection des souverains est dangereuse au repos et à la solidité des Etats, par les secousses trop fréquemment répétées qu'elle lui imprime, il n'en est pas ainsi de celle des membres de la représentation nationale. Celle-ci ne menaçant d'aucun péril, pourquoi consentirions-nous à ce que l'hérédité, dans l'une des chambres, soit consacrée ? Qui nous répond qu'un père de mérite donnera le jour à un fils qui lui ressemble.

La Providence ne nous accordera pas toujours des princes organisés comme celui qui n'a appris que de lui seul à tenir le timon de l'Etat, avec cette sagesse et cette force qui le distinguent de tant de fantômes de souverains; mais avec un gouvernement fortement et libéralement constitué, l'avènement au trône d'un prince, dont la capacité morale soit la moins étendue, ne sera pas un événement capable de nuire à la chose publique. L'incapacité, l'indolence ou le défaut d'éducation nécessaire à la discussion des intérêts de l'Etat, chez un certain nombre des membres de la représentation nationale, peuvent entraîner les suites les plus funestes.

Qui nous répond en effet que les fils seront dignes de leurs pères, que leur éducation, que l'amour du bien public, cette soif ardente des belles ames, les rendront capables de donner des lois à l'empire? Quel garant aurons-nous que ces fils, élevés dans le berceau des riches; c'est-à-dire dans la mollesse et l'indolence, ne seront pas des êtres ineptes et peut-être immoraux? Quelles réunions d'hommes se sont jamais moins illustrées, et se sont montrées moins éclairées, moins courageuses et moins utiles à la patrie que les assemblées des ducs et pairs sous la dynastie bourbonnienne? De combien elles étaient inférieures à celles des cours souveraines, lorsque, toutefois, les intérêts de celles-ci ne les aveuglaient pas en se trouvant en opposition avec ceux du peuple ou du prince?

Connaissait-on la pairie autrement que par ses prérogatives et ces lits de justice dans lesquels ses membres se montraient l'instrument le plus servile du despotisme de nos monarques absolus?

Celui qui veut que sa puissance et celle de sa dynastie soient de longue durée doit intéresser la nation à leur conservation. Laisser au peuple le choix de ses représentans, est le lien le plus fort qui puisse l'attacher à ses souverains. Le système des gouvernemens électifs sappe les trônes, les mine et les renverse; dans un gouvernement monarchique constitutionnel, confondu avec l'institution représentative, l'élection, par la nation, de ses représentans, est le plus ferme appui de la couronne, en même temps qu'elle est la sauve-garde de nos droits auxquels les intérêts du prince, je veux dire ses intérêts réels et bien entendus, sont si intimement liés que tous viennent s'y rattacher. Qui le défendra s'il est attaqué au-dehors, s'il nous a ravi l'exercice de nos droits en nous asservissant? Loin de le soutenir alors, nous ferons des vœux pour sa chute, si nous n'y prêtons les mains, dût-elle entraîner notre ruine. Que reste-t-il au peuple qui lui soit cher, lorsqu'il a perdu sa liberté ? Les garans de sa liberté sont les gardiens qu'il investit de toute sa confiance : auront-ils cette confiance, s'ils ne sont pas de son choix, mais lui sont donnés par celui dont l'essence naturelle est de tendre sans cesse au pouvoir absolu ? Un mandataire que je n'ai pas choisi est-il mon mandataire ? Si les gouvernans ne tendaient naturellement à l'empiétement des droits du peuple, à quoi bon une constitution ? Si, au contraire, l'expérience nous a démontré qu'une loi immuable est indispensable pour s'opposer à leurs envahissemens, donnons donc à leurs entraves le degré de force nécessaire pour qu'ils ne puissent les briser ; fabriquons-en les anneaux avec tant d'adresse, qu'ils ne puissent essayer de les briser, ou seulement d'en détacher un seul, sans éveiller l'attention publique.

Chacun reconnaît l'utilité de deux chambres de députés, dont l'une ait la supériorité sur l'autre ; mais cette création pouvait et peut encore s'opérer sans réorganiser un système nobiliaire. On pouvait, et l'on peut rétablir une chambre de jeunes députés et une d'anciens, celle-ci supérieure à l'autre. D'elle-même, l'expérience, résultat de la maturité de l'âge, assurerait à la supérieure le respect de ses puînés pour le rejet de leurs délibérations. Toutes deux, on ne saurait trop le répéter, doivent être à la nomination du peuple ; celle qui serait élue par tout autre que par lui, n'aurait, par cela seul, aucun caractère de représentation nationale.

Le comte de Lille aussi voulait proroger , ajourner et dissoudre sa chambre des députés ; mais ce prince ne voulait tenir sa couronne que de Dieu, du droit de ses aïeux et de l'assistance du prince régent de l'Angleterre ! Il pouvait donc tout ce qu'il voulait, *parce que tel était son bon plaisir*, puisqu'il voulait que la nation fût faite pour le trône, et non le trône pour la nation. Mais Napoléon ne veut tenir le sceptre que de la volonté du peuple ; il s'en est expliqué formellement. Comment donc pourrait-il s'arroger le droit de dissoudre une des assemblées de nos représentans? Qu'il assemble, proroge, ajourne les réunions, mais qu'il respecte nos mandataires, si, comme lui, ils sont notre ouvrage ! S'il se trouve parmi eux quelqu'agitateur, qu'il soit jugé par ses collègues : la masse

séra toujours pour Napoléon et ses successeurs ;
tant que leurs intentions seront pures.

Sa Majesté n'a donc pas lu l'horrible diatribe
contenue dans le Journal de Paris du 11 mars
dernier, autrement elle n'eût pu vouloir consulter son auteur ; pour prix de ses avis, elle
n'eût pas fait d'un pamphletaire un conseiller
d'état !

Quelqu'un, peu de jours avant que l'acte
additionnel n'eût paru, s'informait, de ce prétendu publiciste, si la constitution serait libérale :
Elle sera bonne, répondit-il avec ce sourire
sardonique, arme équivoque dont les ames
doubles savent si bien se servir, que lorsque
même on voudrait la tourner contr'elles-mêmes ;
elles savent toujours lui trouver un côté favo-
rable. Et cependant l'homme au pamphlet sor-
tait peut-être du palais impérial de donner à
l'acte qui nous est proposé la plus entière approbation ; peut-être cette approbation plus que
toute autre cause, nous l'a fait soumettre tel
que nous, les vrais amis de Napoléon-le-Grand :
nous nous voyons, par amour pour la patrie
autant que par attachement à sa personne et à

sa dynastie , forcés de lui refuser notre assentiment !

Les chambres, comme le souverain, doivent
avoir droit à la proposition des lois. L'invi-
tation de faire cette proposition est, de leur
part, vis-à-vis du chef de l'empire, un acte
servile , indigne des représentans de la nation.
Pourquoi, en effet, prendraient-ils l'alentour
indiqué par l'article 23 de l'acte additionnel,
au lieu de faire directement et franchement la
proposition à l'Empereur d'une loi qu'ils croi-
ront utile à leurs commettans? J'attaque donc
directement cet article , et j'ajoute : qu'exiger
des représentans , lorsque les amendemens
qu'ils auront proposés auront été rejetés par
le souverain, ils votent sur la loi telle qu'elle a
été proposée, est une prétention arbitraire,
puisqu'elle les place dans l'alternative de re-
jeter des lois qui , modifiées , peuvent être
d'un grand intérêt à la chose publique; ou à
donner leur assentiment à d'autres renfermant
des articles nuisibles ou menaçant de le de-
venir. Si le pouvoir exécutif réside essentiellement dans le gouvernement, le pouvoir législatif doit aussi essentiellement résider dans
les chambres qui représentent le peuple fran-

çais ! La moindre atteinte qui lui serait portée, ruinerait à jamais la liberté. Le pouvoir législatif et le pouvoir exécutif doivent avoir chacun un caractère aussi distinct, qu'ils doivent être indépendans l'un de l'autre !

Le mode de composition des colléges électoraux est vicieux : aussi tout le titre 2 de l'acte additionnel doit-il être un des motifs principaux du rejet de cet acte, puisque le vote ne peut être partiel. Les plus riches sont rarement les plus éclairés de leurs contrées, et sont presque toujours les moins patriotes ; la majorité sacrifiera l'état au moindre de ses intérêts privés. Le temps prouvera malheureusement trop tôt que les plus imposés ne sont pas les *Français par excellence !* Eh ! l'an dernier n'ont-ils pas été les premiers à déserter la cause de l'Empereur ? Ne sont-ce pas eux qui, jusqu'au 19 mars dernier, voulaient nous persuader que l'envahissement de la France était un bienfait céleste ? Si l'Empereur compte à peine un véritable partisan sur vingt riches, il en compte au moins dix-neuf sur vingt, depuis la classe mitoyenne jusqu'à la dernière des citoyens. Qui ignore que, dans Paris par exemple, les plus nombreux antagonistes, peut-être même les ennemis les plus acharnés du gouvernement impérial se trouvent parmi les banquiers , négocians, agens de change, notaires, avocats et procureurs les plus riches de la capitale ; ainsi qu'ils l'ont prouvé du 6 au 20 mars dernier : lorsque les artistes , les artisans, les marchands et tout le reste de la population, conséquemment la grandissime majorité des habitans ou plutôt les dix-neuf vingtièmes sont prêts à lui faire tous les sacrifices ? On esperait voir modifier ce vice de la composition des colléges électoraux , introduit dans notre système représentatif par les articles 25, 26, 28 du sénatus-consulte du 16 thermidor an 10 ; mais les courtisans ont su tout disposer de façon que ce qui les intéresse et assure la continuité de leur règne subalterne, l'emportât sur les intérêts du véritable ami de Napoléon et de sa famille; de ce peuple qu'ils ont soin de calomnier, afin d'usurper ses droits ! Louis XVI n'exigea pas pour condition d'éligibilité aux Etats-Généraux, de justifier d'une propriété quelconque ! Rétrograderions-nous au-delà de janvier 1789 ? Mais, dit-on, l'attachement à l'état est en raison de l'intérêt que l'on a à sa conservation, d'où dépend celle des propriétés. Quel sophisme !

Quoi! celui qui possède peu, n'a pas un intérêt égal à conserver ce peu, que celui qui possède beaucoup, à garder ses trésors! Celui même qui ne possède que son industrie, est intéressé au respect de l'ordre. Qui l'emploiera, si le désordre serre les cordons de toutes les bourses? N'existe-t-il pas d'ailleurs un intérêt moral qui attache tous les hommes à la patrie? Si, par exemple, les provinces sont envahies, l'honneur national ne les rendra-t-il pas tous sensibles à ce désastre? la femme et la fille du pauvre ne seront-elles pas la proie du vainqueur? Pourra-t-il, dans cette calamité, utiliser ses talens, son seul patrimoine? A-t-il les moyens d'exister, en attendant un temps plus heureux? D'après l'esprit du sénatus-consulte du 16 thermidor an 10, celui qui le premier a osé rappeler aux Français les sentimens de dignité que l'homme n'aurait jamais dû oublier, Jean-Jacques Rousseau lui-même, non-seulement n'aurait pu être représentant de la nation, quand même il eût été né parmi nous, mais encore il n'aurait pu être élu à l'un des colléges électoraux d'arrondissement!

Pourquoi les colléges électoraux de département ne nommeraient-ils pas eux-mêmes leurs présidens , comme ils nomment les autres membres de leurs bureaux ? Pourquoi les colléges d'arrondissement n'auraient-ils pas le même droit ? Chaque assemblée libre doit se constituer elle-même ; la constituer, c'est vouloir diriger son esprit et ses opérations, en la mettant sous l'influence d'hommes assez puissans pour lui dicter les choix que l'on veut lui faire faire, dût-on forcer sa volonté.

L'article 33 de l'acte additionnel , et l'acte et tableau pour la représentation de la propriété commerciale et manufacturière du 22 du présent mois , sont également inadmissibles pour les amis de l'égalité.

En effet, pourquoi cette prérogative accordée au commerce? Les négocians, armateurs, banquiers, les manufacturiers ou fabricans font-ils corps à part dans la nation ? Est-il sans exemple qu'on en ait vu siéger parmi les députés depuis 1789 ? Cent soixante-seize négocians, propriétaires ou cultivateurs se trouvaient à l'assemblée nationale, et la majorité de ce nombre appartenait au commerce. Les électeurs ne pourront-ils diriger leurs choix sur des négocians comme sur le reste des éligibles ? Le commerce va donc former une classe privilégiée dans la nation !

Le motif de cette prérogative serait-il de ré-
compenser l'égoïsme si connu de ceux qui se
livrent à ses spéculations ? Si cet égoïsme n'était
si public, je citerais à l'appui de mon assertion le
coupable empressement des capitalistes à retirer
tous leurs fonds de la circulation, à l'approche
de Napoléon, et le retard répréhensible qu'ils
mettent à les rendre au commerce ; j'appellerais
l'attention sur l'agiotage honteux des effets pu-
blics, dont la baisse, depuis un mois, est la
preuve la plus évidente de malveillance, puisque le trône impérial est assuré, et que ne le fût-
il pas, ce que je suis loin de penser, quelque
gouvernement que se donne la France, ou qui
règne sur elle, la dette publique ne peut courir
le plus léger péril : si ce n'était faire injure à
l'intelligence du lecteur, j'établirais, par la so-
lution de trois propositions, la preuve la plus
évidente de cette vérité incontestable.

Pourquoi l'armée, le barreau, l'agriculture,
les sciences et les arts n'auraient-ils pas aussi
leurs représentations particulières, si le commerce obtient la sienne ? On répondra que les
militaires, les savans, les artistes et les gens de
robe sont éligibles comme les autres citoyens :
je réplique que les manufacturiers, commer-

çans, armateurs et banquiers le sont aussi, et n'en sont pas moins représentés particulièrement.

Il est bien étonnant que les auteurs du projet n'aient pas conçu l'idée de lui faire accorder au clergé la même prérogative que celle qu'il concède au commerce !

D'après le mode d'élection qui fait pressentir la composition des députés, le souverain, si la nouvelle constitution était acceptée, obtiendrait tout ce qu'il demanderait en hommes, en argent et en quoi que ce soit. Jamais monarque n'aurait été plus absolu, s'il le voulait être, que sous le système d'un tel gouvernement représentatif.

Comment se fait-il que la richesse étant une des qualités tellement essentielles des éligibles, que sans elle, les plus sublimes talens, dès ce moment sont inhabiles au droit d'éligibilité, les auteurs du projet, n'aient pas posé en principe que les députés seraient *sans salaire* ainsi que les pairs ; le silence de l'acte additionnel relatif au traitement de ces premiers législateurs faisant supposer qu'ils seraient sans appointemens ?

Ce n'est pas que je sois de l'avis que les représentans du peuple soient sans traitement,

j'essaie seulement de concilier le vœu appa-
rent de la loi avec sa lettre. Si elle n'admet
dans la chambre-des représentans que des
Crésus, ainsi que dans la chambre des pairs,
les uns et les autres peuvent et doivent gratui-
tement donner leurs soins aux affaires de l'état.
Mais si, comme je le voudrais avec la masse
des Français , on accorde l'éligibilité à qui-
conque aura les capacités requises aux débats
des intérêts de la chose publique, il faut qu'il
n'y ait pas de distinctions humiliantes entre
celui à qui les facultés permettent de s'occuper
exclusivement, sans rétribution aucune, même
en se déplaçant et en vivant loin de sa famille ,
des intérêts de l'Empire, que tous soient également dédommagés du sacrifice qu'ils font des
soins de leurs affaires personnelles, et trouvent
au moins, dans leurs travaux pour la patrie, leur
subsistance et celle de leurs enfans ; je dis de
leurs enfans, parce que je proscrirais à jamais
et pour *mille raisons* qu'il est inutile de dé-
duire , le célibat de la représentation nationale. Le défenseur des droits de ses com-
patriotes qui voit les moyens d'existence de sa
famille assurés, n'en deviendrait que plus inac-
cessible aux séductions de la cour. Rien n'em-

pêcherait d'ailleurs le citoyen riche de faire, sans bruit et sans éclat, aux hôpitaux et autres établissemens de charité , et à l'état lui-même, l'offrande de la somme qui lui serait allouée; l'autre n'aurait pas à rougir de ne pas suivre un exemple que la fortune ne l'aurait pas mis dans une situation qui lui permette de l'imiter. Mais il serait inconvenant de mettre une sorte de démarcation entre les prétendus représentans nommés par le Souverain et ceux du Peuple , en offrant une espèce d'appât vénal aux derniers, qui ne serait pas offert aux premiers, tous étant également favorisés du don des richesses.

Beaucoup de citoyens seraient d'avis que les deux chambres, à la nomination du Peuple, reçussent un traitement qui les mît à l'abri du besoin , et leur permît de se livrer entièrement aux affaires publiques sans déranger pourtant les leurs propres ; mais ils ne voudraient pas que leurs députés reçussent leurs émolumens du trésor impérial , mais bien du produit de centimes additionnels qui seraient perçus sur les départemens respectifs de chacun ; ils fondent leur opinion sur ce raisonnement : Si je chargeais un avocat de la défense d'un procès , je ne voudrais pas qu'il fût payé par ma partie adverse ; j'aurais soin au contraire qu'il fût content de moi, afin que, dégagé de toute considération étrangère ou opposée à ma cause, il défendît mes intérêts de tout son pouvoir. Nos représentans sont nos avocats dans la lutte éternelle des souverains qui veulent asservir, et des peuples qui veulent se défendre de l'asservissement ; nous devons donc les payer et les payer suffisamment, afin que, pour vivre d'une manière convenable, ils ne soient pas exposés à recevoir un supplément d'honoraire de notre adversaire !

On ne doit jamais mettre de précipitation dans une accusation ; mais tant de lenteurs pour parvenir au procès des ministres prévaricateurs, outre qu'elles peuvent compromettre la sûreté ou les intérêts de l'état ou la sûreté et les intérêts des citoyens qui gémiraient sous le poids de vexations arbitraires, devront paralyser l'effet de la loi, et fournir au coupable le moyen de se soustraire à la peine qu'il aura encourue, par une fuite qu'il aura tout le tems de préparer et d'exécuter.

L'Empereur ne voulant pas se placer au-dessus de la loi, ne doit pas prétendre au droit de faire grâce. Les oracles de la justice doivent être respectés à l'égal de la parole de Dieu ! La question intentionnelle suffit pour sauver les meurtriers ou autres coupables sans intention. Le criminel avec intention mérite son châtiment ; lui faire grâce est insulter à la loi qui l'a condamné.

D'après l'article relatif au droit de pétition, le citoyen qui n'aura pas pour patron un député qui veuille se charger de recommander la sienne, ne pourra faire entendre ses justes réclamations, ne pourra élever la voix contre l'oppression, s'il en est victime ! Eh ! Napoléon nous a promis la liberté, l'égalité ! Ceux qui ont pu rédiger et faire accepter à Sa Majesté cet étrange article, veulent que nous, les vrais patriotes, qui soupirions après son retour pour nous aider à secouer le joug insupportable des Bourbons, nous soyions réduits à regretter, dans plusieurs de ses articles, l'ordonnance de réformation qui accordait plus d'étendue à nos droits.

Les prétendus députés de la session dernière ne nous ont-ils pas appris comme les droits des pétionnaires se défendent ? N'avons-nous pas vu comme ils ont soustrait le lieutenant-général Excelmans, madame son épouse, et tant d'autres, aux vexations ? S'il suffisait de l'appât des faveurs de la cour pour les porter à ces dénis de justice, maintenant que l'espoir de prendre place sur les bancs de la pairie, et d'y faire asseoir leur postérité après eux, va briller aux yeux de leurs successeurs, et faire de ces nouveaux représentans les premières créatures du trône et des ministres, qui ne sacrifieront-ils pas pour réaliser cette éblouissante espérance ?

Chacun avait applaudi à la disparution du *par la grâce de Dieu*, des décrets émanés du gouvernement : tous avaient vu dans cet acte philosophique une abjuration du droit divin, en vertu duquel tant de souverains prétendent tenir leur couronne ; et l'affranchissement du trône, du joug de fer que lui imposent les ministres des autels, qui se regardant comme les oracles de la divinité, veulent, en qualité de ses représentans, disposer des sceptres de la terre ! Louis XI et Charles IX ont régné sur la France par *la grâce de Dieu*, mais Napoléon nous a déclaré solennellement ne vouloir tenir sa couronne que des mains de la nation ! L'éternel a organisé le monde, lui a imprimé le mouvement : sans doute il veille à sa conservation et à la régularité de sa marche ; mais les bons princes ne sont pas plus son ouvrage que les

mauvais; autrement nous lui devrions des ac-
tions de grâce pour les premiers, et des repro-
ches pour les derniers ! Voudrait-on retenir le
peuple dans cette ignorance odieuse, mère du
fanatisme et de l'esclavage? Non, l'ame de Napoléon est trop magnanime pour préparer ainsi
notre asservissement. Mais il aura cédé aux con-
seillers perfides qui ne cessent de crier, *l'autel
est l'appui du trône !* comme si la plupart des
trônes qui ont été renversés depuis des siècles
ne l'avaient pas été par les trames des ministres
de toutes classes de cet autel. Ce vieil adage de-
vrait avoir perdu toute sa force depuis que la
France consent à ce qu'il s'élève dans son sein
des autels de toutes formes et de tous genres à
la divinité. Autrement, le rabin dira au souverain, embrassez le culte israélite si vous voulez
que les rabins soient l'appui du trône : les successeurs de Luther et de Calvin feront le même
raisonnement ; tous les ministres des religions
présentement établies, ou qui s'établiront par
la suite en France, auront la même prétention,
par la raison que toute religion vise, comme
tout gouvernement, à la domination exclusive.
Napoléon ignore combien nos regards ont été
blessés en voyant cette formule gothique se

reproduire de nouveau, quand le dévot comte
de Lille avait longtemps hésité sur sa suppression, qu'il eût fini par ordonner. Qu'il la sup-
prime à jamais, et ses descendans n'oublieront
pas, comme tant d'autres l'ont oublié, que ce
n'est qu'au vœu prononcé d'un peuple qu'un
souverain doit sa couronne; ils n'oublieront pas
que ce n'est qu'à la volonté forte et unanime des
Français qu'ils seront redevables du sceptre que
Napoléon-le-Grand leur aura laissé pour héri-
tage; ils n'oublieront pas que le chef de la
dynastie a dit :

« *Tout à la nation et tout pour la France !*
» *voilà ma devise.*

» *Moi et ma famille, que ce grand peuple*
» *a élevés sur le trône des Français, et qu'il*
» *y a maintenus, malgré les vicissitudes et*
» *les tempêtes politiques, nous ne voulons,*
» *nous ne devons et nous ne pouvons jamais*
» *réclamer d'autres titres !* »

Les amis de l'Empereur rejettent l'acte additionnel aux constitutions de l'empire, parce qu'il
ne lui appartenait pas de le rédiger; l'avoir fait,
c'est rendre les assemblées du Champ-de-Mai
sans motif ? C'étaient à elles de nous faire une
constitution, et de la présenter à la nation et au

souverain, pour l'accepter et en jurer l'observation. Napoléon nous l'avait fait espérer ainsi.

Les considérans du décret impérial, daté de
Lyon le 13 mars dernier, et le décret lui-
même prouvent que son vœu était de ramener
à l'égalité les citoyens dont le nivellement
avait été détruit, et de leur rendre l'exercice
des droits qu'ils ont conquis depuis 1789 ! Les
considérans s'expriment ainsi qu'il suit :

» Considérant que la chambre des pairs est
» composée en partie de personnes qui ont
» porté les armes contre la France, et qui ont
» intérêt au rétablissement des droits féodaux,
» à la destruction de l'égalité entre les diffé-
» rentes classes, à l'annullation des ventes des
» domaines nationaux, et enfin à priver le peuple
» des droits qu'il a acquis par vingt-cinq ans
» de combats contre les ennemis de la gloire
» nationale ;

» Considérant que les pouvoirs des députés
» au corps-législatif étaient expirés, et que
» dès-lors la chambre des communes n'a plus
» aucun caractère national ; qu'une partie de
» cette chambre s'est rendue indigne de la con-
» fiance de la nation, en adhérant au rétablis-
» sement de la noblesse féodale abolie par les

(35)

» constitutions acceptées par le peuple ; en
» faisant payer par la France des dettes con-
» tractées à l'étranger pour tramer des coalitions
» et soudoyer des armées contre le peuple Fran-
» çais ; en donnant aux Bourbons le titre de
» roi légitime , ce qui était déclarer rebelles
» le peuple Français et les armées , proclamer
» seuls bons Français les émigrés qui ont dé-
» chiré pendant vingt-cinq ans le sein de la
» patrie , et violer tous les droits du peuple
» en consacrant le principe que la nation était
» faite pour le trône et non le trône pour la
» nation. »

Le décret porte, savoir :

Art. Ier.

« La chambre des pairs est dissoute.

II.

» La chambre des communes est dissoute ;
» il est ordonné à chacun des membres convo-
» qués , et arrivés à Paris depuis le 7 mars der-
» nier , de retourner sans délai dans son do-
» micile.

III.

» Les colléges électoraux des départemens
» de l'Empire seront réunis à Paris , dans le

3 *

» courant dn mois de mai prochain , en assem-
» blée extraordinaire du Champ-de-Mai , afin
» de prendre les mesures convenables pour
» corriger et modifier nos constitutions selon
» l'intérêt et la volonté de la nation, et en même
» temps pour assister au couronnement de
» l'Impératrice, notre très-chère et bien aimée
» épouse et à celui de notre cher et bien aimé
» fils. »

L'art. **IV** charge le grand-maréchal de la publication du décret.

Certes ce n'était pas pour faire descendre les membres des colléges électoraux au rôle de simples scrutateurs, que ce décret, en réconciliant la majorité de la nation avec son Empereur , auquel cette majorité reprochait la violation de droits importans à sa liberté, appelait les représentans de la nation auprès du souverain. Ce décret, qui lui a acquis tant d'amis, voulait que cette réunion la plus imposante qui ait jamais eu lieu en France, eût pour objet *de prendre* avec le monarque cons- titutionnel *les mesures convenables pour cor- riger et modifier nos constitutions selon l'in- térêt et la volonté de la nation* !

Pourquoi donc cette disposition si sage a-t-elle été entièrement changée, sans que le nonveau décret du 22 avril dernier, qui fixe les attributions et les fonctions des présidens et membres des colléges réunis au Champ-de-Mai, rapporte tout ou partie de celui du 13 mars ?

Le dernier porte que :

A RT. Ier.

« L'assemblée du Champ-de-Mai, convoquée
» pour le 26 du mois de mai prochain, sera
» composée, 1°. des membres de tous les col-
» léges électoraux de départemens et d'arron-
» dissemens de l'Empire ;

» 2°. Des députations qui seront nommées
» par tous les corps de l'armée de terre et de
» mer.

I I.

» Aussitôt après leur arrivée à Paris, les
» membres des colléges électoraux se présen-
» teront au ministère de l'intérieur, où on
» leur indiquera le lieu qui leur aura été assi-
» gné pour la réunion, en une seule assemblée,
» des membres des différens colléges de cha-
» que département.

I I I.

» L'assemblée des membres des colléges
» du même département , se formera sous la
» présidence du président du collége électoral
» du département, après avoir nommé ses se-
» crétaires et ses scrutateurs, qui les présidera
» au depouillement des votes du département.

I V.

» Les assemblées des colléges de chaque dé-
» partement nommeront chacune une députa-
» tion de cinq membres pour porter le dépouil-
» lement des votes du département à une as-
» semblée centrale. Les registres des votes de
» l'armée de terre et de mer seront transmis à
» cette assemblée ; elle fera le recensement
» général des votes sous la présidence du prince
» archichancelier , qui en portera le résultat à
» l'Empereur.

V.

» Tous les membres des colléges électoraux
» et des députations de l'armée , formant l'as-
» semblée du Champ-de-Mai , se réuniront au
» Champ-de-Mars, en présence de l'Empereur.
» Le résultat du recensement général des votes

(39)

» sera proclamé, et l'acte additionnel aux cons-
» titutions sera promulgué et scellé du sceau
» de l'état.

V I.

» Après le serment de l'Empereur, chaque
» assemblée de colléges électoraux, successi-
» vement et par ordre alphabétique, prêtera,
» par l'organe de l'un de ses membres, le ser-
» ment d'obéissance aux constitutions, de fidé-
» lité à l'Empereur.

V I I.

» Des aigles seront distribuées dans l'assem-
» blée du Champ-de-Mai, au collége électoral
» de chaque département, et aux députations
» de chacun des corps de l'armée de terre et
» de mer. »

Qu'a de commun ce décret avec le premier?
quelles conférences, d'après le dernier, y aura-
t-il entre les représentans et le chef de l'état,
*afin de prendre les mesures convenables pour
corriger et modifier nos constitutions selon
l'intérêt et la volonté de la nation.?* Le légis-
lateur doit-il faire délibérer l'armée ? doit-on
faire les lois et les faire exécuter ?

D'après l'article V du dernier décret, le rejet ou non acceptation de l'acte additionnel semble ne pouvoir être mis en doute , et cependant on ne peut prévoir quel sera le sort de toute chose soumise au jugement des hommes. Si l'acte est soumis à notre acceptation, il nous est loisible de lui refuser notre assentiment. Quelles sont les mesures prises pour obvier à cet événement ? aucune ! Le seul résultat qu'il soit permis de supposer , est que nous serions sous l'influence directe et immédiate de la constitution, décrétée le 22 frimaire an 8, et des sénatus consultes organiques qui l'ont suivi ! De cette constitution républicaine avec laquelle on veut régir un Empire ! de cette constitution, œuvre de Napoléon, dont l'article 39 porte : *qu'elle nomme Bonaparte premier consul de la république !* Il semble qu'on aurait dû au moins indiquer la série d'articles conservés de cette constitution et des sénatus-consultes remis en vigueur ! Ne pas les faire connaître, c'est se réserver la latitude de n'adopter que ce qui conviendra au gouvernement.

Les partisans les plus dévoués du pouvoir absolu ne pourront se refuser à confesser que, de toutes les constitutions, depuis celle de 1791, celle de l'an 8 de la république est la moins libérale, surtout échafaudée sur les lois, avis du conseil d'état et sénatus-consultes qui ont servi à l'étayer.

Pourquoi, lorsque l'article 3 du décret du 13 mars n'accorde qu'aux colléges électoraux de département de l'empire la faculté de composer l'assemblée du Champ-de-Mai, l'art. 1er. de celui du 22 avril accorde-t-elle la même faculté aux colléges d'arrondissemens et à l'armée? Il semblerait que le second décret aurait pris toutes précautions pour élever les membres de l'assemblée du Champ-de-Mai à un tel nombre qu'il leur fût impossible d'agir avec la moindre harmonie.

L'Empereur, en restreignant, par son décret du 22 avril dernier, les pouvoirs qu'il semble avoir conféré par celui du 13 mars précédent aux membres de l'assemblée du Champ-de-Mai, ne doit-il pas craindre de voir se renouveler la scène du jeu de paume de Versailles en 1789? Ne doit-il pas redouter, si ces députés voulaient s'occuper d'objets plus importans et plus convenables à leur caractère, que ceux qui leur sont *indiqués* par le décret, et sortis du cercle trop étroit des attributions qu'il leur fixe, ils ne résistent avec fermeté aux ordres qui seraient donnés pour les dissoudre, et ne renouvelassent ce serment proféré spontanément par toute l'assemblée nationale, « de » ne jamais se séparer, et de se rassembler » par-tout, jusqu'à ce que la constitution de » l'État et la régénération publique soient éta- » blies ? »

Que Napoléon jette un regard sur le magnifique tableau qui conserve à la postérité la mémoire de ce grand événement ! Qu'il retrace à sa vue cette scène imposante du berceau de notre liberté, et que le génie qui l'a fait revivre sur la toile, électrise assez sa grande ame pour lui faire rejetter les conseils intéressés des apôtres du pouvoir absolu !

Que Napoléon nous donne une constitution libérale que ses vrais amis acceptent avec enthousiasme et reconnaissance ; il nous l'a promise, il nous la doit. Si le peuple français eût pu se présenter, le 1er. mars, au moment du débarquement de sa majesté, une constitution à la main, digne de tous deux, et lui eût dit : Acceptez ou retirez-vous ! Qu'eût-il fait ? Napoléon eût consenti l'acte qui lui aurait été offert, ou n'eût pas été replacé à notre tête ; Napoléon ayant depuis ce jour repris les rênes du gouvernement, qui ne se sont réellement trouvées entre ses mains qu'après sa rentrée dans la capitale, siége ordinaire de ce gouvernement, ne les ayant reprises qu'aux conditions de nous rendre libres et égaux, qualités sans lesquelles il n'est plus de bonheur pour des Français, a tacitement consenti que le peuple lui-même proposât à sa sanction ces lois fondamentales de la félicité publique et individuelle. Le peuple veut se donner une constitution, et, non qu'à l'exemple du comte de Lille, on lui en impose une. Les amis de l'Empereur qui voudraient une constitution durable, auraient desiré que sa majesté eût fait convoquer les assemblées primaires pour nommer des électeurs, et ceux-ci des députés pour deux chambres, l'une supérieure et l'autre inférieure, à l'effet de rédiger l'acte constitutionnel. Le travail eût-il duré deux ans, ce qui est plus du double du temps nécessaire à ce grand œuvre, nous eussions volontiers consenti à être régis pendant ce temps comme nous l'étions en 1815, afin de jouir ensuite du bénéfice d'une loi immuable dont le prince et les citoyens auraient juré l'observation ! Cette constitution établie aurait fixé le mode de la représentation nationale, et les Français se se-raient conformés à son vœu pour sa formation, comme ils auraient obéi respectueusement à tous les autres préceptes du contrat sacré.

Les Français veulent faire eux-mêmes les lois fondamentales de l'état. Louis XVI ne leur a pas donné la constitution de 1791, les re-présentans l'ont faite, et, de toutes celles qui ont régi la nation, c'est celle qui approche le plus du point de perfection ; c'est elle sans doute que l'asssemblée du Champ de Mai aurait prise pour modèle de celle qu'elle aurait rédigée et présentée à l'acceptation de l'Empereur.

Napoléon ne peut se faire une juste idée de la douleur que ses amis les plus chauds et les plus vrais ont ressenti à la lecture de l'acte ad-ditionnel, et de quelle joie cette même lecture a pénétré les royalistes. Il faut être placé au lieu où les simples particuliers se trouvent, pour avoir été à même de juger de cet effet sans illusion. Quand je dis les royalistes, qu'on ne croie pas que je veuille me servir d'un vain épouvantail, afin de donner plus de force au fait que j'avance et dont je garantis l'authen-ticité ! il en existe malheureusement encore

et en assez grand nombre, pour que l'Empereur craigne de leur réunir les anciens répu-
blicains effrayés des approches d'un gouvernement anti-libéral.

Il en est temps encore : l'Empereur peut ordonner que les votes soient suspendus, et déclarer aux Français que l'assemblée du Champ
de Mai donnera, de concert avec sa majesté,
une constitution à l'état. Ce parti, qui peut
sembler un pas rétrograde, en évite un véritable au monarque qui ne pourra refuser ce
que je lui propose respectueusement d'offrir,
si ces députés, au Champ de Mai, lui apportent
le rejet de son acte additionnel, et lui de-
mandent l'autorisation de convoquer les assemblées primaires, à l'effet de nommer des
électeurs, et ceux-ci des députés, qui devront
donner à la France une véritable constitution
nouvelle qui nous rende à la liberté et à l'é-
galité. Les couleurs nationales n'auraient-elles
été arborées sur les Maisons Communes de
toutes les villes, sur les clochers de toutes les
Communes, que pour remplir une vaine for-
malité ? Tous les Français ne les auraient-ils
reprises que pour suivre une mode passagère,
où comme un vain simulacre de réhabilitation

des droits des hommes libres et égaux ? Non, nous ne laisserons pas échapper l'heureuse circonstance que le retour de l'Empereur nous a amenée, et que lui-même nous a offerte par son décret du 13 mars ; et nous serons enfin des hommes.

L'acte additionnel, tel qu'il est, ne saurait être accepté ; la constitution, les sénatus-consultes, les avis du conseil-d'état et les lois généralement quelconques qui s'y rattachent ont besoin d'être considérablement corrigés et modifiés pour convenir à la nation. Les départemens qui ont le mieux accueilli Napoléon libérateur de la patrie, Napoléon les rendant à la liberté et à l'égalité, seront les premiers à manifester leur opposition formelle à l'admission de cet acte et de ses antécédens, comme lois fondamentales de l'Empire.

Pourquoi l'Empereur ne peut-il être témoin, ainsi que je l'ai été depuis dix ans, de ces élans d'indignation de toute la génération nouvelle, de cette génération dont une partie considérable couverte des cicatrices honorables de blessures reçues dans les combats livrés pendant vingt-cinq ans pour jouir de ses droits, à la vue de tous ces *De* détestés qui précèdent la majorité des noms de ceux qui ont été et qui sont encore nommés aux places et emplois de quelqu'importance ! Que Napoléon ne peut-il être témoin de ce qu'un *monseigneur* coûte à prononcer à un homme de vingt à quarante-cinq ans !

Les émigrés rentrés et les nouveaux nobles, je le répète, ont été une des premières et principales causes efficientes des désastres de Napoléon et des nôtres. Si l'Empereur n'écoute ses véritables amis, ces transfuges que l'intérêt personnel seul nous a ramenés, et cette noblesse déjà aussi vaine, aussi altière ou plutôt aussi arrogante que celle aux trente-deux quartiers, qui osent se dire ses plus solides appuis, le précipiteront avec eux-mêmes dans un dédale de maux, tels que Napoléon, pour avoir écouté leurs conseils, devra se reprocher un jour d'avoir, de sa propre main, renversé le trône impérial, pour faire place à la tribune aux harangues.

Puisse l'Empereur éviter ces malheurs à la France, à lui-même et à sa famille !

Qu'il tienne au peuple la promesse sacrée qu'il lui a faite de le rendre à ses droits ; qu'il rétablisse surtout le niveau de cette égalité brisé

par l'article III de l'acte aditionnel aux constitutions et le sénatu-consulte du 16 thermidor
an 10, etc. Nul trône ne reposera sur de plus
solides bases que celui de Napoléon-le-Grand !
Qu'il se rende aux vœux des Français idolâtres
de leurs pays, et Sa Majesté ni sa famille, ni la
patrie n'auront jamais à redouter de voir les Bourbons revenir souiller de leur présence le sol sacré
des hommes libres ! Demander une garantie à
ce sujet aux Français, serait paraître douter, au
moins, qu'ils ont coopéré au retour momentané de l'ancienne dynastie, lorsque l'Europe
sait que, quelques meneurs exceptés, ces caméléons auteurs de toutes nos révolutions, qui ont
enfin purgé la terre de la patrie, pas un Français n'a pris part à son rappel, et, qui plus est,
ne pensait aux Bourbons.

Mais disent quelques ames pusillanimes :
« Peut-être l'Empereur, pour éviter de donner
» de l'inquiétude aux têtes couronnées voisines,
» par un gouvernement trop libéral, ne nous
» restitue pas tous nos droits, de peur de nous
» ramener les fléaux de la guerre ». Eh ! quoi !
ces droits ne sont-ils pas de nature à mériter
tous nos sacrifices ? C'est pour eux que nous
avons fait tant de *ces sacrifices* de toute espèce

depuis 1789 , et nous en voulons achever la conquête, si l'étranger osait nous les disputer de nouveau. Fallut-il encore recourir aux armes pour lui arracher de vive force la faculté de nous constituer selon nos desirs, les Français seront libres et égaux. Nos soldats ne sont pas immortels, mais ils sont invincibles quand ils combattent pour la liberté. L'ennemi pourra causer le trépas de quelques citoyens, mais ce trépas sera vengé au centuple , et les Français ne seront pas asservis; ils dicteront la paix à leurs tyrans! Que l'Empereur entende tout le peuple lui dire : « Sire, s'il faut repousser les Bourbons , » après les satellites qui semblent vouloir les » précéder ; s'il faut défendre Napoléon-le- » Grand et sa famille *commandant à des* » *hommes libres*, armez nos bras, et bientôt des » esclaves ne menaceront plus nos frontières ! » mais si nous ne devons combattre que pour » conquerir des apanages, des duchés, des com- » tés, des baronnies à la caste privilégiée, PLUS » DE SOLDATS, PLUS DE VICTOIRES !

» Les aigles, honteuses de guider des serfs,
» ne sauront plus les chemins de l'honneur!
» La gloire française et celle de Napoléon
» s'éclipseront, et nous serons envahis de nou-
» veau; envahis sans trahison !

Puisse Napoléon conjurer tant de malheurs,
dissiper d'un seul mot ces funestes présages !
Que ce mot soit l'appel du Champ-de-Mai, si
c'est la qualification que l'on veut donner à la
représentation nationale choisie par les électeurs
nommés par les assemblées primaires, *mais en
nombre qui permette aux deux chambres qui
en seront formées de s'entendre*, à l'effet de
constituer les Français; ces Français que l'on
peignait si légers, et qui depuis vingt-cinq ans
ont montré tant de constance et de générosité,
les constituer, dis-je, mais d'une façon digne du
grand homme que deux fois ils ont consenti de
prendre pour leur chef ! C'est le vœu qu'un citoyen dévoué à la patrie, et de cœur attaché
à l'Empereur et à sa dynastie, croit devoir, à

l'acquit de sa conscience , d'émettre franchement et avec la plus entière publicité.

Si l'acte additionnel aux constitutions de l'Empire, et les lois et actes antérieurs qui s'y rap-
portent deviennent, par l'adhésion du peuple,
loi de l'état, le soussigné s'engage à leur obéir
aveuglement, comme s'il y eût adhéré lui-
même.

Paris , le 2 mai 1815.

P. S. Vu les conséquences qui pourraient suivre
pour l'auteur , si l'on apportait la moindre altération à
l'expression de ses pensées , il désavoue davance tout
exemplaire qui ne serait pas revêtu de sa signature , et
poursuivra les contrefacteurs.

Se trouve à Paris, chez M. Debray , marchand
libraire , rue St.-Nicaise, n°. 1 ;
Et chez tous les Marchands de Nouveautés.

De l'Imp. de RENAUDIERE , rue des Prouvaires.